AF257139

ÉLECTEUR

ET

CONTRIBUABLE

D'UN MOYEN PRATIQUE

D'ÉQUILIBRER LE BUDGET

DE L'ÉTAT

PAR

CHARLES MEUNIER

MANUFACTURIER

MEMBRE DU CONSEIL MUNICIPAL DE PARIS

PRIX : UN FRANC

PARIS

GUILLAUMIN ET Cᵉ, ÉDITEUR, | LACHAUD, BORDIN, ÉDITEURS,
14, RUE RICHELIEU, 14 | 4, PLACE DU THÉÂTRE-FRANÇAIS, 4

1874

ÉLECTEUR

ET

CONTRIBUABLE

D'UN MOYEN PRATIQUE

D'ÉQUILIBRER LE BUDGET

DE L'ÉTAT

PAR

CHARLES MEUNIER

MANUFACTURIER

MEMBRE DU CONSEIL MUNICIPAL DE PARIS

PRIX : UN FRANC

PARIS

GUILLAUMIN ET Cᵉ, ÉDITEUR, | LACHAUD, BORDIN, ÉDITEURS,
14, RUE RICHELIEU, 14 | 4, PLACE DU THÉATRE-FRANÇAIS, 4

1874

AU LECTEUR

———

Depuis un an, j'ai eu l'occasion d'entretenir les hommes les plus compétents en matière financière d'un nouveau Projet d'impôt. L'accueil fait à cette idée m'encourage à la communiquer au public et à provoquer à son égard les discussions de la presse.

Tout lecteur reconnaîtra que je n'ai été inspiré dans ce travail par aucun esprit de parti politique ; mais, manufacturier et commerçant, frappé des graves dommages causés aux intérêts de toute la communauté commerciale et manufacturière, par l'élévation constante des taxes, telles que les droits de timbre, de patente, de douanes, de transport par petite vitesse, etc., j'ai cru de mon devoir de conseiller ce qui me paraît être un acte de justice et de bonne administration.

Trop heureux si je puis ainsi, indiquer le moyen d'obtenir une diminution certaine des impôts existants et apporter un allégement aux charges énormes que nous subissons depuis les derniers événements.

Cn. M.

Paris, le 25 novembre 1874.

I

La session parlementaire qui va s'ouvrir doit nécessairement ramener les discussions financières. Et, en effet, l'élaboration du Budget de 1875 n'est pas encore terminée, puisqu'il reste à couvrir un déficit prévu de 25 millions, et, d'autre part, la tâche du législateur se trouve aggravée par les mécomptes que notre administration des finances a subis pendant l'exercice courant (1). Les

(1) Au moment où ce travail a été écrit, les principaux éléments du rapport de M. le Ministre des finances n'étaient pas encore connus. Ce document apporte une consécration malheureusement trop décisive aux faits qui ont servi de point de départ à cette étude.

neuf premiers mois de 1874 se soldent par un déficit de 36 millions dans la perception des produits indirects, notamment sur les sucres et les alcools, c'est-à-dire sur quelques-uns des objets de consommation qui avaient été le plus sévèrement atteints par notre nouvelle législation fiscale. C'est donc une somme annuelle de 60 millions au minimum qui est encore à trouver, et cependant les financiers de l'ancienne école ont épuisé leurs efforts les plus ingénieux pour résoudre ce problème, qui est le même dans la vie privée et dans la vie publique, et qui s'impose aux États comme aux particuliers sous peine de ruine : *Etablir à un même niveau les recettes et les dépenses.*

§

Cet état de choses appelle un remède dont la nécessité est universellement reconnue. Plus notre dette publique est lourde, plus il est indispensable, dans l'intérêt du crédit national, que l'équilibre du Budget soit indiscutable. Les heureux et les riches peuvent impunément, peut-être, montrer de l'imprévoyance dans l'administration de leurs biens; mais ceux dont la fortune a été atteinte par quelque désastre, doivent veiller avec une fierté scrupuleuse sur l'opinion que le monde peut se faire de leur solvabilité. ·

C'est un témoignage à rendre à notre pays qu'il a, depuis quatre ans, porté cette préoccupation aussi loin que pouvait l'exiger son honneur. Dans ce but, il a consenti à tous les sacrifices. Il n'a pas seulement donné son épargne, sous forme d'emprunt, pour acquitter une rançon dont le chiffre était sans précédent; il a encore accepté et payé 6 à 700 millions d'impôts nouveaux. Toutes les taxes ont été accrues; quelques-unes ont été doublées et triplées coup sur coup. La nomenclature des décisions législatives par lesquelles les impôts anciens ont été remaniés, modifiés et toujours augmentés, ne comprend pas moins de trente-cinq lois en quatre ans. Dans le nombre on en compte deux sur les patentes (29 mars et 16 juillet 1872); six sur les contributions indirectes (1er et 4 septembre 1871, 21 juin, 30 et 31 décembre 1873, 21 mars 1874); six également sur l'enregistrement et le timbre (23 août 1871, 28 février, 30 mars, 18 juin 1872, 26 novembre 1873 et 19 février 1874); trois sur les postes (21 mars et

24 août 1871, 25 janvier 1873); une sur les douanes (8 juillet 1871), sans parler des mesures qui
ont eu pour objet soit divers produits spéciaux de
l'industrie française, soit les valeurs mobilières
dans leur faculté de transmission et dans leur
revenu. Depuis que la science du crédit a organisé
et développé les ressources des Etats, jamais nation n'a été contrainte d'opérer sur elle-même un
effort aussi multiple et aussi considérable, ni d'accroître aussi subitement et dans une semblable
proportion les revenus publics. Mais notre loyauté
française a surmonté ces épreuves. Dès l'abord,
par un sentiment de prudence qui a été tenu pour
excessif, et afin de mettre à l'abri de toute éven-
tualité le bon renom de notre pays, on a écarté
toutes les nouveautés. Les impôts déjà établis et
dont la force de rendement avait été vérifiée par
l'expérience ont été traités comme des personnes
qui vous sont familières et sur qui l'on peut
compter en cas de nécessité pressante. Sans rien
demander aux théories économiques ou à l'exemple des autres peuples, on a maintenu dans le
Budget tous les éléments qui le constituaient au-
trefois, et on a procédé, d'une façon systématique
et exclusive, par des aggravations de taxes.

§

Ce procédé, qui a été surtout recommandé et appliqué par M. Thiers, pendant les deux années de son pouvoir, était-il le meilleur? Ne pouvions-nous [pas, sans péril, nous montrer plus hardis? Des circonstances tellement exceptionnelles ne devaient-elles pas nous inspirer des résolutions dont le temps se charge de démontrer la sagesse après que le patriotisme les a adoptées? Il serait, croyons-nous, superflu de discuter aujourd'hui cette question. Ces critiques rétrospectives, quand l'événement a prononcé, affranchies des responsabilités de l'action et de toutes préoccupations d'un danger public, manquent à la fois d'utilité en elles-mêmes et de justice à l'égard des hommes. En réalité, elles sont inexactes et partiales ; par dessus tout, elles sont stériles. Mais si nous devons nous interdire de revenir sur le passé, il convient, du moins, que nous nous arrêtions au présent, pour l'interroger et lui appliquer les solutions qu'il réclame. Nous reconnaîtrons alors combien la situation générale diffère de ce qu'elle était il y a trois ans. Nous savons maintenant que nous pouvons porter le poids qui s'est abattu sur nous. Toutes les incertitudes sur l'élasticité de nos ressources sont dissipées. Il ne s'agit plus pour nous de trouver un revenu annuel de 6 à 700 millions, tout se borne à nous procurer un appoint de 60 millions pour parfaire l'équilibre du Budget. Le problème de nos finances étant désormais simplifié à ce point, notre patriotisme se trouve en quelque sorte désintéressé. Certains que la France ne manquera pas à sa parole et qu'elle n'est pas condamnée à vivre d'expédients, nous pouvons examiner toutes ces questions avec un esprit dégagé d'inquiétudes, reconnaître loyalement les efforts tentés, constater avec une sincérité égale les résultats produits, enfin chercher à mettre notre politique financière d'accord avec les principes d'une saine économie politique et avec les prescriptions les plus certaines de l'intérêt public.

§

Le bilan de cette campagne fiscale, poursuivie successivement par nos ministres des finances,

MM. Léon Say, de Goulard, Pouyer-Quertier et Magne, peut, selon nous, s'établir ainsi qu'il suit :

Au point de vue moral, nous avons recueilli tous les avantages que nous pouvions en attendre. Le crédit de la France, au dehors, n'a pas seulement été sauvegardé, il a été fortifié et agrandi. Et cette considération seule peut servir, à nos yeux, de compensation suffisante à bien des erreurs.

Mais cette part faite, et la première dans notre appréciation, à un résultat que l'on ne saurait estimer à trop haut prix, il reste à se demander dans quelle mesure a été satisfait l'intérêt de l'Etat, et quels sacrifices ont dû s'imposer les intérêts privés.

L'intérêt suprême de l'Etat, celui du Trésor et du pays, c'était l'équilibre du Budget. Or, à l'heure où nous sommes, cet équilibre n'existe pas. Il n'existe ni dans les perceptions de l'exercice courant, ni dans les prévisions de l'exercice prochain. Après cinq changements ministériels, huit sessions parlementaires, et quarante projets de lois, les recettes demeurent obstinément au-dessous des dépenses. Nous avons assisté, sous ce rapport, à un phénomène qui semblerait bien étrange, si les données les plus positives de la science ne l'expliquaient pas. Le chiffre du déficit constaté, on cherchait à le combler par de nouvelles surtaxes, et lorsque ces surtaxes étaient appliquées, au trimestre suivant, le déficit persistait encore. L'écart restait le même, à tel point que l'on eût dit que rien n'eût été fait. Sous le poids de ces surcharges successives, il se produisait dans les revenus publics une sorte d'affaissement qui, modifiant sans cesse et abaissant le niveau des recettes, était fait pour décourager tous les efforts. C'est ainsi que les boissons, grevées en trois ans de 140 millions de droits nouveaux, ont rendu, pendant les trois premiers trimestres de 1874, 12 millions de moins que la somme pour laquelle elles figurent dans les évaluations budgétaires. L'impôt surmené se refuse à produire; il perd la qualité dominante des taxes indirectes, *l'élasticité*. Cet excès des exigences fiscales ne sert qu'à développer la fraude, au grand détriment du Trésor. Et il devient évident par là que le législateur a dépassé cette sage limite que l'étude exacte des faits permet d'assigner aux forces contributives de la production et de la consommation.

Quant aux intérêts privés, en présence des nécessités de l'Etat, ils ont été l'objet d'un traite-

ment sans merci ; et, parmi eux, on peut le dire,
c'est l'industrie et le commerce qui ont dû acquitter le plus lourd tribut. Sans doute, les droits de
transmission des valeurs mobilières, de mutation
et de succession ont été surélevés; mais que représente cette augmentation à côté de tous les
droits qui frappent les transactions commerciales
ou le travail industriel? Elévation du droit de
timbre de 50 c. à 1 fr. 50 p. 100; aggravation des
droits d'enregistrement; impôt sur les transports
à petite vitesse; enfin, et par dessus tout, augmentation de l'impôt des patentes; sans compter
la rectification au profit du fisc de nos tarifs des
douanes, et toutes les surtaxes sur les postes, les
télégraphes, etc., que l'industrie et le commerce
subissent au même titre que le reste de la nation.

§

Quelques chiffres permettront à nos lecteurs de
mieux se rendre compte des charges qui ont été
rejetées, depuis trois ans, sur cette partie la plus
périlleuse, et en même temps la plus productive,
en un mot la plus aléatoire de l'activité nationale.

Nous ne parlons ici que du seul droit de patente, cet impôt préventif qui frappe non des opérations exécutées ou en cours, mais la simple tentative d'ouvrir boutique et d'attendre le client. Un économiste autorisé, M. Paul Coq, dans une brochure intitulée : *L'Impôt et la Législation des Patentes en 1873*, cite quelques exemples qui n'ont pas été réfutés. Un boucher (4ᵉ classe, tableau 4) dont le loyer s'élève à 1,400 fr., payait, en 1871, 220 fr., il paie aujourd'hui 322 fr., soit 45 p. 100 de plus. Un épicier en détail (5ᵉ classe, même tableau) avec un loyer de 2,100 fr., dont la patente était à la même époque de 235 fr. 17, est taxé aujourd'hui à raison de 342 fr. 44, soit une augmentation à peu près égale de 45,54 p. 100. La proportion est la même pour le coiffeur, le brocheur qualifié relieur, le charbonnier en détail, en un mot pour toutes les petites industries. La surtaxe varie de 45 à 62 p. 100. Mais que dirons-nous des commerçants rangés dans la 1ʳᵉ, la 2ᵉ et la 3ᵉ classe, qui ont vu le taux du droit proportionnel porté du 15ᵉ au 10ᵉ et du 20ᵉ au 15ᵉ? Un commissionnaire en marchandises, par exemple, ayant un loyer annuel de 2,000 fr., qui a acquitté 809 fr. 16 de patente en 1871, a payé 1,325 fr. 40 en 1873, soit

63 fr. 77 p. 100 d'augmention. Un magasin d'un loyer de 15,000 fr., où l'on « *tient plusieurs espèces de marchandises,* » était, en 1871, affecté d'une patente de 1,972 fr. 36; il a payé, en 1873, 3,978 fr., soit 101 67 p. 100 de plus. Un patenté de la 3° classe, avec un loyer de 6,000 fr., a vu passer de 606 fr. 88 à 1,104 fr. 50 le droit ainsi surélevé de 82 p. 100. Enfin, un grand industriel, constructeur de machines à vapeur, ayant quatre associés et occupant 1,000 ouvriers, assujetti au droit proportionnel sur une valeur locative de 105,000 fr. dont 5,000 pour la maison d'habitation, a payé, en 1873, 15,336 fr. 86, au lieu de 3,490 fr. 20, soit une augmentation de *quatre cents pour cent.* Et, en citant cet exemple, nous n'entendons pas dire qu'il présente rien d'exceptionnel ou d'anormal; en fait d'accroissement, nous en connaissons par nous-même de plus considérables ; mais cette démonstration manifeste des excès ou des vices de la loi a le mérite de nous être fournie par un rapport de l'honorable ministre actuel des finances, M. Mathieu-Bodet.

§

Il serait injuste de prétendre que le Gouvernement et la Chambre, ceux qui ont préparé les lois
et ceux qui les ont votées, n'ont pas réfléchi aux
désastreux effets que devait produire un semblable système de surtaxes, presque violent à force
d'être rapide. Toutes les incertitudes de l'Assemblée, ses hésitations, ses lenteurs, ses contradic-
tions apparentes, — reprenant pour les rejeter
encore des projets qu'elle avait déjà repoussés et
qu'elle se déterminait, cependant, à adopter enfin,
— s'expliquent et se justifient jusqu'à un certain
point, par l'anxiété naturelle à d'honnêtes gens
qui accomplissent une œuvre pleine de péril pour
leur pays. De là, tous les votes qui se succèdent
en se complétant ou se heurtant les uns les autres,
au hasard. Que le travail industriel et l'échange,
sur lesquels repose le commerce, soient, en effet,
les grandes et fécondes ressources de notre temps,
nous croyons que cela ne se conteste plus. Dans
leur développement actuel, ils constituent une
véritable transformation des forces mises en jeu

par l'activité nationale. Mais pour que cette expan-
sion puisse se produire librement et que cette
création de valeur s'opère dans sa plénitude, certaines conditions sont indispensables. Or, le
Budget, avec ses exigences toujours croissantes,
y porte une atteinte qui peut devenir mortelle. Il
est évident que si une nation compose, ainsi qu'on
l'a dit justement, une sorte de société anonyme
dont la gérance est confiée au pouvoir politique,
l'accroissement de la richesse ne peut pas se produire par le trafic entre les associés. Les profits
ne se forment et ne se réalisent qu'au dehors,
dans les transactions avec l'étranger, au-delà du
cercle tracé autour d'un pays par les frontières
nationales. De telle sorte que le problème à résoudre par le Gouvernement est de suffire aux besoins
des services publics, en permettant à la marchandise de se rendre, avec le moins de charges possible, de son lieu de production, à ce point de la
circonférence où elle doit rencontrer la concur-
rence étrangère. S'il en est ainsi, et que l'abais-
sement des diverses fractions du prix de revient
rende la comparaison avantageuse à nos produits
et les fasse rechercher, l'argent déboursé par
nous en matières premières, en main-d'œuvre, en

dépenses de transport et en frais généraux, nous revient alors accru des bénéfices que nous obtenons. Ces bénéfices s'ajoutant, à leur tour, au capital actif, viennent augmenter sans cesse les forces de la production et les éléments du gain national.

Est-il nécessaire maintenant d'expliquer comment l'impôt, lorsqu'il atteint surtout certaines proportions, paralyse et tue le commerce? Pour l'industriel dont nous parlons plus haut et qui a vu sa patente passer en un an de 3,490 francs à 15,336 fr. 86, cette différence de 11,846 francs représente le service à 6 p. 100 d'un capital de 200,000 francs qu'il aurait pu engager dans ses affaires et à l'aide duquel il aurait pu les étendre. Les 400 millions prélevés en surtaxes sur l'industrie, depuis trois ans, correspondent de même à l'intérêt annuel d'un capital formidable de près de SEPT MILLIARDS de francs. On reste stupéfait lorsqu'on songe à ce que l'industrie française, si merveilleuse dans sa vitalité et si vaillante, aurait accompli en s'appuyant sur un pareil levier. Quelle prodigieuse explosion de prospérité publique, et quelle abondance de bénéfices pour les citoyens, pour l'État et le Trésor !

§

Le système, dont nous venons de voir les effets généraux, a produit une autre conséquence tout à fait imprévue et pourtant bien naturelle. Pendant que les intérêts, surexcités par la menace du péril, luttaient entre eux pour se rejeter mutuellement les charges qui incombaient à la nation, il est arrivé ceci : *Ceux qui étaient exempts des taxes ont échappé aux surtaxes.* Cette formule qui, de prime abord, ressemble à une banalité, recèle un fait monstrueux. Ceux-là, en effet, les exempts d'impôts, ne sont pas, en France, la classe insignifiante que l'on pourrait croire. Oisifs ou salariés, fils de famille, employés ou voyageurs de commerce, agents de divers ordres, garçons d'hôtel, de café, de restaurant, concierges, domestiques, etc., ils sont au moins trois millions. Tous ceux qui vivent de la vie collective sous une règle commune, professeurs de colléges, employés d'établissements d'éducation, sont dans le même cas. Ils prélèvent des traitements et des salaires dont la moyenne annuelle peut être évaluée de 1,500 à

2,000 fr.; et, en retour, ils ne paient rien à l'Etat. Il y a près d'un siècle, un des fondateurs de la science de l'économie politique, Quesnay, disait avec raison : « Toutes les dépenses des salariés sont payées par ceux qui paient les salaires. »

Que l'on augmente donc les droits sur tous les objets de consommation, que par l'aggravation des patentes on élève le prix de la marchandise, le salarié n'en souffre pas. Ce n'est pas sur lui que la charge retombe, c'est sur le patron qui le paie. Le salaire s'augmente en proportion même des besoins. On entre ainsi dans une sorte de cercle vicieux où le renchérissement des produits tend à les faire renchérir encore, puisque le prix de la main-d'œuvre est un des éléments les plus graves dont un industriel ait à tenir compte.

Qu'est-ce que la loi fiscale a demandé depuis trois ans à ces trois millions d'hommes, protégés comme tous les autres par l'ensemble des forces sociales, inscrits sur la liste des électeurs et jouissant de la plénitude des droits civils et politiques ? Qu'a-t-elle exigé d'eux ? — Rien, absolument rien. Elle les a trouvés en dehors du Budget et elle ne les y a pas fait entrer. Comme nous le di-

sions tout à l'heure, ils n'étaient pas dans les taxes,
ils n'ont pas été dans les surtaxes. Ils étaient
exempts, ils le sont encore. Ils contribuent, sans
bénéfice pour eux-mêmes, à épuiser, par l'élévation de leurs salaires, l'industrie qui les nourrit.
Et nous assistons à ce spectacle vraiment inouï
d'une masse d'hommes qui ont pu, au milieu des
nécessités les plus pressantes de la nation, se
soustraire aux charges communes et qui sont con-
damnés à redouter chaque jour de voir tarir la
source de salaires qui ne furent jamais plus élevés.

§

Nous pouvons, ce nous semble, tirer maintenant une conclusion de tout ce qui précède. —
L'impôt, tel qu'il est constitué aujourd'hui, n'est
pas seulement excessif et dangereux, il est encore
profondément inégal; et, par suite, il est injuste.
Il obère ceux qu'il atteint, et il respecte en même
temps toutes les exemptions que le passé lui a lé-
guées. Il paralyse le travail national et, par contre-
coup, il contribue encore à rendre plus difficile,
par la progression incessante des salaires, la lutte
de nos industries sur les marchés de l'étranger.

Est-ce donc désespérer trop tôt d'un système que de le condamner ou de l'écarter lorsque l'expérience, qui est la mère des résolutions prudentes, constate de pareils résultats? A cette heure, d'ailleurs, tous les périls qui auraient pu provenir d'embarras financiers sont dissipés. L'acquittement de la France et sa solvabilité sont hors de cause. Nous pouvons délibérer entre nous sans préoccupation extérieure et à l'abri des inquiétudes de l'ennemi. Arrivés au point où nous en sommes, il nous faut bien reconnaître que notre ancien système fiscal a été surmené. Il a donné plus qu'il ne pouvait rendre. L'impôt sur les boissons cède sous la charge; l'impôt du timbre a été triplé; l'impôt sur les patentes se trouve quadruplé, si ce n'est plus; et, pour les industries vraiment vitales, il en a été ainsi de tous les droits. Que pourrait-on en attendre encore? Et cependant *le déficit, un déficit persistant,* se renouvelle après chaque mesure prise pour le combler. Dans ces conditions, le seul remède possible s'impose à tous les esprits. Il est temps de renoncer aux surtaxes et aux aggravations successives de droits, aux décimes et doubles-décimes, pour adopter hardiment une de ces taxes générales dont le taux mobile

accroît ou diminue le rendement, au gré du législateur, et permet de pourvoir aux variations des
nécessités budgétaires. De nombreuses propositions ont été présentées dans ce sens, et par des
hommes au nom desquels s'attache une véritable
autorité financière. Il nous a semblé qu'elles étaient
plutôt ajournées que rejetées par la Chambre. Les
considérations que l'on a fait valoir à la tribune et
dans la presse en faveur d'un tel impôt, s'appli-
quent également au projet que nous allons exposer. Mais il s'y en ajoute d'autres sur lesquelles il
pourra être utile d'insister plus spécialement dans
la suite de ce travail.

II

Toutes les propositions d'impôt soumises à l'Assemblée, qu'elles aient pour but d'atteindre le capital ou le revenu, offrent entre elles une ressemblance : elles sont exclusivement fiscales. D'un accord unanime, la politique, disait-on, était bannie de ces débats. On affectait de se conformer ainsi au principe de la division du travail et à nos habitudes de catégories, en ne dépassant pas les limites que l'on prétend imposer à la science financière. En réalité, les auteurs de ces projets divers, à la recherche d'une majorité dans le scrutin, consentaient, afin de désintéresser les partis, à abaisser ces problèmes au niveau d'un simple règlement budgétaire. Quelque habile que pût être cette stratégie, il faut dire qu'aucune théorie n'est plus fausse et ne mérite d'être plus sévèrement condamnée.

La politique et la finance ont été, de tout temps, étroitement unies, et, par leur nature même, *elles sont inséparables*. Le Budget d'un État révèle plus exactement l'état social d'un peuple que ne pourrait lé faire l'histoire de ses institutions. Tels impôts sont démocratiques ; tels autres sont appliqués de préférence dans une monarchie tempérée ; tels autres, enfin, conviennent à une aristocratie. Dans les pays libres, le droit égal qui appartient aux citoyens correspond à un devoir égal pour tous de concourir aux charges communes de la nation. Dans les pays de priviléges, c'est, au contraire, la contribution aux charges publiques qui créc le droit de direction dans les affaires de l'État. La différence est essentielle, car elle touche au fond même de la constitution politique des peuples. Mais, dans l'un et l'autre cas, la politique et la finance conservent leur rapport nécessaire et resserrent leurs liens mutuels.

Enlever à l'impôt cette fonction qu'il a toujours remplie, c'est lui ôter sa signification la plus élevée et restreindre volontairement son utilité sociale. On peut agir de la sorte par complaisance envers des partis politiques qui se tiennent en réciproque suspicion et qui sont empressés à exploiter leurs fautes respectives. Mais la théorie consacrée par la science et par l'histoire est contraire à cette pratique qui est malheureusement la nôtre. Elle nous donne pour corrélatifs absolus, d'un côté, un droit politique, de l'autre, une obligation financière.

§

Si nous appliquons ces principes à l'état présent de nos lois et de nos mœurs, quelle conséquence en découlera? Le droit politique s'exprime par le suffrage universel; le devoir financier doit se traduire par la taxe universelle. Cette taxe sera donc à la fois générale et personnelle. Elle s'attachera au citoyen individuellement et elle enve-

loppera toute la nation active. Elle sera par suite
l'image la plus fidèle d'un état politique où la
souveraineté nationale a pour interprète et pour
organe le faisceau de toutes les volontés. *Tout
Français est citoyen ; tout citoyen est électeur ;
tout électeur sera contribuable.* Ces trois termes
sont identiques entre eux ou du moins ils doivent
l'être, si l'on veut que l'impôt ait dans notre
France moderne la même base que le droit public,
et que l'égalité qui est la condition de notre exis-
tence nationale ne reste pas à l'état de pure
théorie.

§

Ainsi, d'une part, *le droit électoral ;* d'autre part,
ʟᴀ ᴛᴀxᴇ ᴇ́ʟᴇᴄᴛᴏʀᴀʟᴇ. Tels sont les deux points
symétriques sur lesquels reposera la base de notre
établissement social. L'impôt nouveau, dont la nécessité est désormais irréfutable, est trouvé dans
son principe. Il n'est plus un simple expédient de
finances ; mais il a un sens d'une haute valeur ; il
correspond au titre et au droit du citoyen ; il est
chargé d'attester la capacité virile du contribuable. Son caractère universel une fois reconnu, il

reste à chercher son mode d'application et à l'organiser.

Nous rentrons ici dans le domaine exclusif de la finance, et nous avons à traiter la taxe électorale par les procédés employés dans toutes les législations financières à l'égard des taxes générales.

Ces taxes se caractérisent par deux traits essentiels :

1° Elles partent d'une Unité variable, déterminée par les besoins de l'Etat;

2° Elles sont proportionnelles aux facultés de chacun.

Cette double formule contient, suivant nous, tout le mécanisme de la taxe électorale.

L'Unité de taxe sera fixée chaque année par le législateur en raison des besoins généraux du pays, des déficits à combler, des dépenses extraordinaires à solder ou des amortissements à opérer pour alléger successivement le service de la dette. La proportionnalité de l'impôt sera déterminée d'avance par la loi même d'institution de la taxe nouvelle, de telle sorte que l'Unité de taxation étant décrétée par la Chambre, chacun pourra se rendre compte immédiatement de la somme qu'il devra acquitter suivant la catégorie à laquelle il appartiendra.

Il nous est impossible, nos lecteurs le conçoivent, de résoudre ici toutes les questions de détail que la pratique doit soulever. L'administration des finances possède seule les données indispensables pour un pareil travail. Nous essayerons, cependant, ne fût-ce qu'à titre d'indication sommaire, de préciser d'une façon plus exacte notre pensée.

§

Le premier élément à dégager pour la solution de notre problème financier, c'est la commune mesure à l'aide de laquelle le législateur pourra répartir en des catégories diverses les 10 millions de citoyens inscrits sur les listes électorales et qui deviennent 10 millions de contribuables. Où trouver cette mesure, sinon dans un de ces besoins généraux de la vie qui, s'imposant également à tous, demeurent, néanmoins, proportionnels à la situation et aux ressources? Or, lorsqu'on entre dans cet ordre de considérations, on s'aperçoit que l'homme subit trois nécessités également impé-

rieuses : *il se nourrit, il s'habille et il s'abrite.* De
ces trois termes, *la nourriture, le vêtement, le logement,* le premier est trop vaste et trop multiple ;
il ne pourrait être déterminé dans sa valeur que
par des procédés odieux d'inquisition. Le second,
le costume, ne fournit dans la société contempo-
raine aucun moyen de classification ; il donnerait,
au point de vue de la fortune, les assimilations les
plus inexactes. Le logement, au contraire, dont
l'importance s'exprime par le prix du loyer ou par
la valeur locative, offre l'élément d'appréciation le
meilleur que nous puissions souhaiter. C'est, pour
l'impôt, une base dont la constatation est simple et publique. Elle ne porte que sur un seul objet
et elle n'exige, pour être certaine, aucune enquête
inquisitoriale. Elle sert déjà à l'assiette d'une de
nos quatre contributions directes. Elle contient,
en outre, une notion suffisante des ressources
qu'il s'agit d'évaluer, car il a été reconnu par les
travaux de la statistique que cette partie des dépenses privées absorbe toujours du cinquième
au quart du revenu.

En admettant donc ce fondement pour la *Taxe
électorale,* on pourrait répartir les citoyens en un
certain nombre de catégories, — dix, par exemple,

— suivant le chiffre du loyer qu'ils payent ou la valeur locative de l'immeuble qu'ils occupent. Supposons un instant que l'on s'arrête à la classification suivante :

1re classe, loyer de	200 fr. et au-dessous.	

1re classe, loyer de   200 fr. et au-dessous.
2e   —   —   200 à 500 fr.
3e   —   —   500 à 1,000 fr.
4e   —   —   1,000 à 1,500 fr.
5e   —   —   1,500 à 2,500 fr.
6e   —   —   2,500 à 4,000 fr.
7e   —   —   4,000 à 6,000 fr.
8e   —   —   6,000 à 10,000 fr.
9e   —   —   10,000 à 20,000 fr.
10e   —   —   20,000 fr. et au-dessus.

Cette première division viendrait se combiner avec les données fournies par les chiffres divers des agglomérations locales. Ce système est depuis longtemps mis en vigueur pour l'application de l'impôt des patentes, et l'expérience l'a ratifié. Au point de vue de la population, on formerait de la sorte huit groupes ou séries :

1° Villes de   2,000 âmes et au-dessous.
2°   —   2,000 à 5,000 habitants.
3°   —   5,000 à 10,000.
4°   —   10,000 à 20,000.
5°   —   20,000 à 40,000.
6°   —   40,000 à 100,000.
7°   —   100,000 et au-dessus.
8°   —   Paris (*intra-muros*).

En combinant ensemble ces deux éléments d'évaluation, on pourrait dresser le tableau suivant. La résultante indiquerait le chiffre définitif de la classe dans laquelle serait inscrit l'électeur. Il suffirait ensuite d'appliquer annuellement à ce tableau l'Unité de taxation fixée par la loi des finances.

LOYER ou valeur locative.	VILLE de 2.000 âmes et au-dessous. (Classe.)	VILLE de 2.000 à 5.000 (Classe.)	VILLE de 5.000 à 10.000 (Classe.	VILLE de 10.000 à 20.000 (Classe.)	VILLE de 20.000 à 40.000 (Classe)	VILLE de 40.000 à 100.000 (Classe.)	VILLE de 100.000 et au-dessus. (Classe.)	PARIS intra-muros. (Classe.)
200 fr. et au-dessous.	1	1	1	1	1	1	1	1
200 à 500 francs.	2	2	2	2	2	1	1	1
500 à 1.000 francs.	3	3	3	3	3	2	2	2
1.000 à 1.500 francs.	4	4	4	4	4	3	3	3
1.500 à 2.500 francs.	5	5	5	5	5	4	4	4
2.500 à 4.000 francs.	6	6	6	6	5	5	5	5
4.000 à 6.000 francs.	7	7	7	6	6	6	6	6
6.000 à 10.000 francs.	8	8	8	8	7	7	7	7
10.000 à 20.000 francs.	10	10	10	10	9	9	9	9
20.000 fr. et au-dessus.	10	10	10	10	10	10	10	10

Les indications qui précèdent ne sauraient
avoir dans notre pensée rien de définitif ni d'ab-
solu. Il est possible que l'importance diverse des
agglomérations urbaines doive exercer sur le
classement plus d'importance que nous ne lui en
avons accordé. L'administration des finances, qui
met déjà ce système en pratique pour d'autres
impôts, fournirait à cet égard, à la Chambre, tous
les renseignements utiles. Nous n'avons d'autre
but ici que d'exposer et de faire comprendre le
mécanisme de la taxe que nous proposons. Une
commission spéciale, constituée par canton ou par
commune, serait chargée de rectifier ce que la
classification légale pourrait avoir de peu équi-
table ou d'excessif dans certains cas particuliers.
Il lui appartiendrait de faire passer un individu,
suivant les circonstances, d'une classe supérieure
à une classe inférieure, et réciproquement. Elle
vérifierait, en outre, la sincérité des déclarations
relatives aux valeurs locatives et aux prix des
loyers. Par rapport aux électeurs qui vivant de la
vie collective ou de famille n'acquittent pas de
loyer elle déterminerait, à l'égard de chacun d'eux,
la classe dans laquelle il doit être inscrit. Nous
avons dans nos lois l'exemple de créations sem-

blables et qui fonctionnent très bien. C'est ainsi que les décisions des jurys d'expropriation sont rarement contestées. La loi de frimaire an VII a pu confier au Conseil communal la répartition des taxes locales sans provoquer aucune plainte depuis qu'elle est en vigueur. Les tribunaux d'appel resteraient, d'ailleurs, ouverts contre l'erreur ou l'injustice.

Ces classifications établies et en admettant 2 francs comme unité de taxe.

$$
\begin{aligned}
&\text{La 1}^{re}\text{ classe payerait 2 fr.}\\
&\text{La } \ 2^e \quad\quad -\quad\quad 5\\
&\text{La } \ 3^e \quad\quad -\quad\quad 10\\
&\text{La } \ 4^e \quad\quad -\quad\quad 15\\
&\text{La } \ 5^e \quad\quad -\quad\quad 25\\
&\text{La } \ 6^e \quad\quad -\quad\quad 40\\
&\text{La } \ 7^e \quad\quad -\quad\quad 60\\
&\text{La } \ 8^e \quad\quad -\quad\quad 100\\
&\text{La } \ 9^e \quad\quad -\quad\quad 200\\
&\text{La 10}^e \quad\quad -\quad\quad 500
\end{aligned}
$$

La taxe électorale représenterait ainsi, en moyenne, 1 p. 100 de la valeur locative. Acquittée si l'on veut, par trimestre à l'époque du terme, elle serait pour ainsi dire insensible.

§

Telle est, dans son ensemble, la création fiscale sur laquelle nous croyons que l'attention du Gouvernement et celle du public pourraient se porter utilement. Veut-on maintenant en mesurer la puissance? Les chiffres suivants, tout hypothétiques qu'ils puissent être, permettent d'entrevoir l'effet probable d'une telle mesure.

Voici quelle serait, dans nos prévisions, la répartition définitive de l'impôt et quel niveau de rendement il atteindrait.

RÉPARTITION PROBABLE.

Catégories.	Nombre probable d'électeurs.	Taxe variable.	Produit.
1re	2 millions	2 fr.	4,000,000 fr.
2^e	3 —	5	15,000,000
3^e	2 —	10	20,000;000
4^e	1 —	15	15,000,000
5^e	500,000	25	12,500,000
6^e	500,000	40	20,000,000
7^e	300,000	60	18,000,000
8^e	300,000	100	30,000,000
9^e	200,000	200	40,000,000
10^e	200,000	500	100,000,000

10 millions. Ensemble 274,500,000 fr.

Ainsi, un prélèvement qui ne serait que de 2 francs pour 2 millions d'individus, c'est-à-dire pour le cinquième des électeurs inscrits et qui dépasserait à peine 1 p. 100 du loyer ou de la valeur locative de l'immeuble occupé, produirait par an une somme de 275 millions de francs. A 2 p. 100, on obtiendrait 550 millions; à 3 p. 100, 800 millions! Que tous les Français chefs de famille ou vivant isolément consentent à subir une augmentation si minime dans le taux des loyers et le tiers du Budget sera soldé. Depuis trente-cinq ans, c'est-à-dire depuis que nous sommes entrés dans l'ère des chemins de fer et des communications libres et rapides, la valeur locative a supporté en France de bien autres accroissements.

§

Complétons maintenant les traits principaux de la législation relative à la nouvelle taxe.

Le vote est obligatoire. Tout électeur qui ne se conforme pas à la volonté de la loi est puni d'une amende égale au montant de la taxe électorale.

Tout électeur qui n'a pas acquitté la taxe est privé de l'exercice de son droit ; il est passible de l'amende qui vient d'être édictée ; la contribution et l'amende sont recouvrables par les moyens de droit ordinaires.

Sont exemptés de l'amende les électeurs malades ou empêchés de se rendre au scrutin par des causes graves dûment justifiées devant le préfet, en conseil.

La taxe électorale et l'amende peuvent être remises, en tout ou pour partie, aux électeurs seuls de la première catégorie en cas d'indigence dûment constatée par l'autorité municipale; ces électeurs prennent part au vote sur la foi d'un certificat délivré par le maire de la commune.

La liste des électeurs indigents ainsi autorisés à prendre part au scrutin devra être dressée par le maire et approuvée par le préfet, au moins un mois avant la date de l'élection.

Les individus atteints de condamnations correctionnelles ou infamantes, et privés, par suite, du droit électoral, n'en acquitteront pas moins la taxe de la catégorie à laquelle ils appartiennent. Il leur sera délivré une quittance spéciale.

Les listes électorales seront dressées tous les ans pour les jeunes gens qui atteindront l'âge de vingt et un ans, sur les listes établies pour les opérations du tirage au sort.

§

Ainsi la taxe électorale existe. Elle fournit au Trésor 250, 500, 750 millions ou 1 milliard, suivant le chiffre adopté annuellement comme Unité de taxation. Quelles sont, désormais, les ressources de l'État, et comment s'établissent les voies et moyens du Budget?

Deux éléments concourent à la formation du revenu public :

1° Les impôts fixes, invariables ;

2° La taxe électorale, telle que nous l'avons décrite dans les pages qui précédent.

La quotité des impôts fixes pourra être déterminée pour une période de dix ans. Ces impôts seront basés sur ceux qui existent en France depuis longtemps, mais qui seront ramenés au tarif le plus faible, en ayant soin de diminuer autant que possible les taxes sur la consommation.

Dans ce premier chapitre des recettes figureront :

1° L'impôt direct, rectifié par une révision partielle du cadastre, afin de constater, comme une loi récente l'a d'ailleurs prescrit, les terrains qui, par suite d'améliorations agricoles ont passé de la 3ᵉ classe à la 2ᵉ ou à la première. Une note récente insérée dans les journaux, annonce que l'honorable ministre des finances, M. Mathieu-Bodet, s'est proposé de réunir les éléments de ce travail.

2° Les revenus des postes, en adoptant les tarifs

abaissés auxquels nous sommes conviés, du reste, par les résolutions du congrès international de Berne;

3° Les recettes de l'administration des tabacs;

4° Les droits de timbre, réduits à cette mesure où ils ne sont plus qu'une garantie d'authenticité pour les actes;

5° Les droits d'enregistrement, de transmission et de succession également diminués;

6° Enfin, les impôts indirects que l'usage a acclimatés en France et dont la perception est la plus facile et la moins blessante pour les contribuables.

Toutes ces sources de revenus donneraient un produit que l'on peut évaluer à X centaines de millions.

L'écart entre cette somme, quelqu'en fût le niveau, et l'ensemble des nécessités budgétaires serait rempli par l'impôt variable ou taxe électorale dont l'élasticité pourrait suffire à tous les besoins prévus ou imprévus du pays. Ce serait, nous l'avons dit, le second chapitre du Budget des recettes, celui par lequel se résoudrait, avec une précision mathématique, le problème si longtemps et si vainement étudié de l'équilibre budgétaire.

§

Le mécanisme des taxes générales a été trop souvent décrit par les économistes et, dans la pratique, il est trop connu de tous ceux qui ont porté quelque attention aux questions de finances, pour qu'il soit nécessaire d'en démontrer ici les effets. Dans les périodes de prospérité moyenne, un tel impôt résout de lui-même, d'une façon à la fois sommaire et décisive, le problème de l'équilibre budgétaire. C'est une taxe de nivellement, et le résultat en est indiscutable. Quand tous les retranchements possibles sont opérés et que, néanmoins, les recettes établies sur un taux normal demeurent insuffisantes, la taxe intervient et elle comble le déficit ou plutôt elle l'empêche de se produire. Dans les années difficiles, cet impôt pouvant s'accroître dans la mesure même des nécessités de l'État, pourvoit aux charges extraordinaires et dispense d'un emprunt. C'est l'*Income-Tax* qui a acquitté pour l'Angleterre, de 1853 à 1855, les frais de la guerre de Crimée, tandis que cette entreprise, dont les résultats politiques s'étaient déjà évanouis avant nos désastres et qui ne

nous a produit aucun bénéfice industriel ou com-
mercial, figure encore dans nos Budgets annuels
pour un service d'intérêt de 75 millions de francs.
Enfin, aux époques heureuses, lorsque l'activité
des transactions multiplie de toutes parts la richesse, il suffit d'une élévation presque insensible
dans l'Unité de taxe pour faire fonctionner l'amor-
tissement, cet idéal non-seulement des financiers,
mais des hommes d'Etat, car c'est en rachetant
ainsi le passé et en allégeant de la sorte le présent
que les nations conquièrent la liberté de l'avenir.

§

Ces avantages, que nous nous bornons à énu-
mérer, sont communs à la taxe électorale et à tout
autre impôt d'une application générale, ayant
pour principe une unité variable et pour développement une cotisation proportionnelle. Mais ce
qui distingue à nos yeux notre projet et ce qui le
recommande, ce sont les trois considérations sui-
vantes qui lui appartiennent en propre et qui doivent, selon nous, en déterminer l'adoption :

1° Il y a en France, dans nos lois actuelles, trois
millions de Français, citoyens, électeurs, jouissant

de tous les droits civils et politiques dont l'impôt assure à un peuple le tranquille exercice, et qui ne contribuent, pour ainsi dire, à aucun degré à l'acquittement des charges publiques. Ces trois millions d'électeurs seront désormais trois millions de contribuables. Leur participation virile à l'impôt correspondant au droit politique dont ils sont investis, satisfera à une règle impérieuse de justice et ne sera pas un mince allégement pour le reste de la nation.

2° Le système suivi jusqu'à ce jour, et qui consiste à aggraver sans cesse les taxes indirectes, a pour conséquence de rejeter sur le pauvre la plus lourde charge de l'impôt en la faisant peser sur les nécessités premières de la vie. *Autant de bouches, autant de contribuables.* Les familles nombreuses sont maudites par cette loi, qui n'épargne ni les orphelins, ni les veuves. L'humanité seule la condamnerait; mais elle est, en outre, contraire à l'intérêt supérieur du pays, dont la population, d'après les données de la statistique, et par un phénomène qui serait bien redoutable s'il devait se continuer, tend à diminuer au lieu de s'accroître. La taxe électorale, en prenant sur elle seule, par la mobilité naturelle de son niveau, les nécessités imprévues de l'État, mettra un terme à une aussi montrueuse iniquité.

3° Enfin, l'État, qui n'est qu'une agglomération de familles, assimile sa législation aux principes et aux pratiques de la vie commune. Que se passe-t-il, en effet, dans une famille lorsque les dépenses du ménage excèdent les prévisions? Le père, le chef les contrôle, s'efforce de les restreindre ; mais c'est lui qui y pourvoit, et lui seul. Il en sera ainsi dans la nation. Où est la puissance de direction, l'autorité, là doit être, en retour, la responsabilité. Dans la société politique, l'homme gouverne ; il doit payer. Tous les chefs de famille, formant l'ensemble des contribuables, feront pour le pays ce que chacun d'eux fait dans son propre intérieur, par un sentiment de dignité personnelle et d'honneur que nul ne saurait méconnaître ou violer impunément.

§

Telle serait, dans son principe et dans son mode d'application, la Taxe Electorale. Sa puissance de production n'est pas à discuter. Comme tout impôt général dans un pays qui compte

36 millions d'habitants, elle donnerait, suivant l'unité contributive que la loi des finances fixerait annuellement de 300 millions à 1 milliard, et plus. Nous avons dû nous demander si un tel impôt est juste, s'il est politique, s'il est conforme à l'intérêt social. Nous croyons avoir démontré qu'il présente au plus haut degré ce triple caractère.

Cet impôt est juste ; car il est de toute équité que les droits politiques dont tous les Français jouissent également aient en quelque sorte pour contre-partie, au profit de l'Etat, la participation effective de tous aux charges publiques.

Il est politique, puisqu'en permettant de ne pas recourir dans la loi à des combinaisons chimériques, il moralise le suffrage universel sans le mutiler. Il supprime ou plutôt il résout toutes les questions de garanties électorales que l'on agite, car il substitue à des restrictions dangereuses le gage certain de l'intérêt individuel. La politique, on l'a dit depuis longtemps, coûte en raison inverse de ce qu'elle vaut ; la mauvaise politique ruine matériellement les peuples, tandis que la bonne politique les enrichit. Par la Taxe électorale le citoyen est averti qu'il paiera, comme contribuable, précisément en raison des bonnes ou des mauvaises directions qu'il aura données, comme électeur, aux affaires du pays. N'est-ce pas à la fois juste et politique?

Enfin, cet impôt est éminemment social. Il relève et rehausse la valeur du titre de citoyen et fait apprécier l'importance des droits que ce titre confère. Il est, en outre, profondément humain dans l'acception la plus haute du mot. En affranchissant de charges excessives la production et la consommation, il exonère le travail et la vie. Il fait porter sur le chef de famille, sur l'homme seul, un poids qui, dans l'état actuel de notre législation financière, accable également la femme, l'enfant, la veuve, l'orphelin, tous les mineurs que leur âge ou leur faiblesse devrait protéger contre les exigences fiscales.

Voilà ses titres à notre adoption. Ils sont nombreux et graves. La Taxe électorale, le jour où elle sera appliquée, ce sera le sou de l'Internationale détourné au profit de la véritable liberté électorale, de la dignité du citoyen et de l'ordre social.

Paris, le 25 novembre 1874.

Paris, imp. Balitout, Questroy et Cⁱᵉ, rue Baillif.

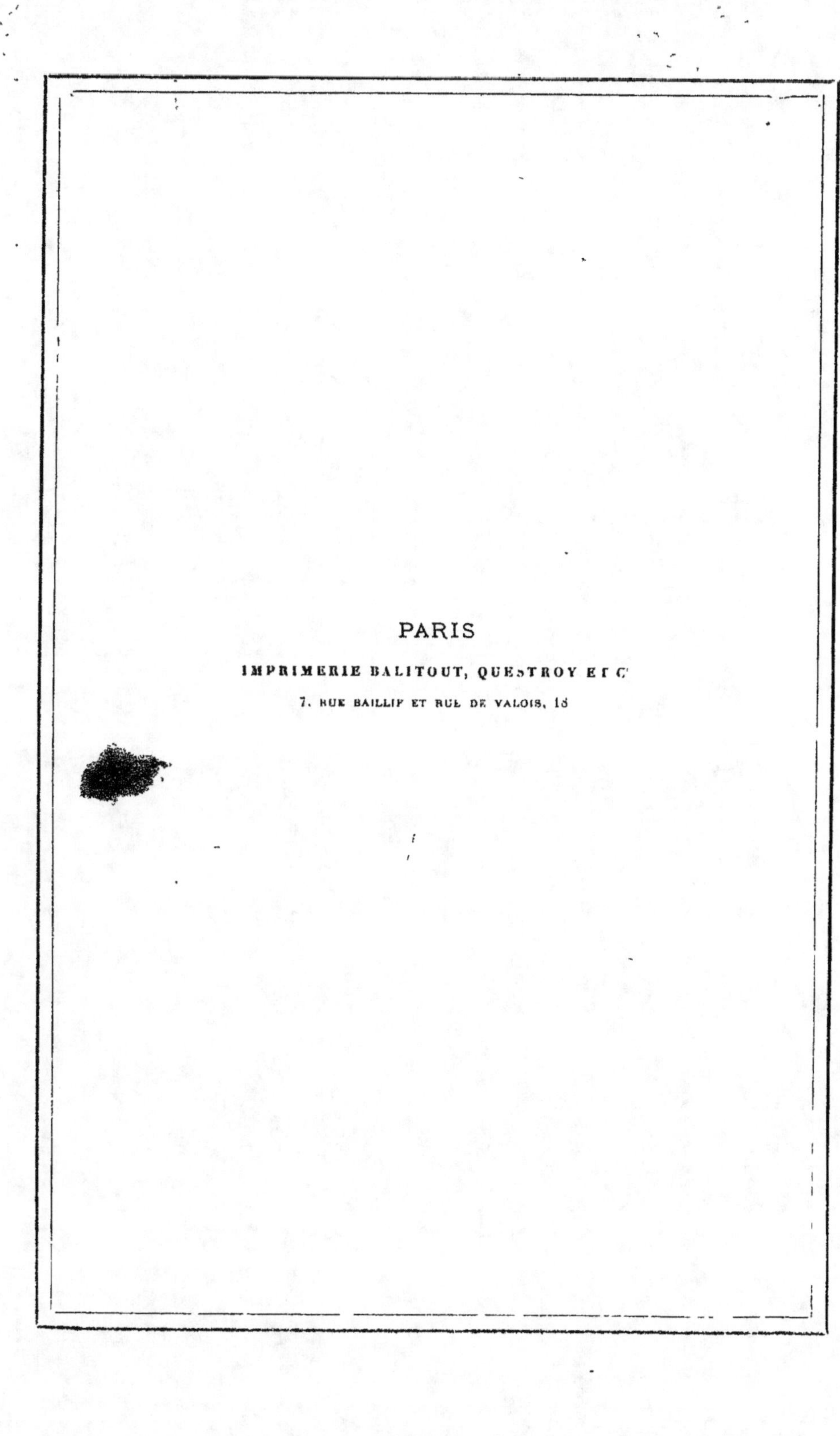

PARIS

IMPRIMERIE BALITOUT, QUESTROY ET Cie

7, RUE BAILLIF ET RUE DE VALOIS, 13

www.ingramcontent.com/pod-product-compliance
Lightning Source LLC
Chambersburg PA
CBHW061325060726

47596CB00003B/1093